DE VU
CAMINO

30 DEVOCIONALES BASADOS EN LA PARÁBOLA DEL HIJO PRÓDIGO

RICHARD LEMUS DÍAZ

ISBN: 9798875827907

DEDICATORIA

A todos los hijos, los pródigos en tierras lejanas, los que han iniciado el camino de regreso y los que ya han sido restaurados en la Casa del Padre.

CONTENIDO

1

LA HERENCIA DERROCHADA

"Poco después el hijo menor juntó todo lo que tenía y se fue a un país lejano; allí vivió desenfrenadamente y derrochó su herencia."

Lucas 15:13 (NVI)

"Así lo hizo para que, justificados por su gracia, llegáramos a ser herederos que abrigan la esperanza de recibir la vida eterna."

Tito 3:7 (NVI)

La parábola del hijo pródigo nos revela una realidad con la que muchos podemos identificarnos: después de ser restaurados por la gracia de Dios, a menudo nos aventuramos hacia un "país lejano", que representa el mundo. En ese entorno distante, corremos el riesgo de malgastar la herencia divina que hemos recibido.

Inicialmente, como hijos restaurados de Dios, llevamos en nosotros el fruto del Espíritu: amor, gozo, paz, paciencia, amabilidad, bondad, fidelidad, mansedumbre y autocontrol (Gálatas 5:22-23). Sin embargo, al sumergirnos en la lejanía espiritual, esos frutos preciosos comienzan a desvanecerse. La influencia del pecado en el mundo puede nublar nuestra percepción y desviar nuestra atención de las verdaderas riquezas de nuestra herencia en Cristo.

El "país lejano" puede representar cualquier aspecto de nuestras vidas donde permitimos que las distracciones mundanas eclipsen la verdad de nuestra herencia eterna. Puede ser en nuestras amistades, en nuestras decisiones diarias o en las metas que perseguimos. A medida que nos alejamos, las virtudes espirituales que una vez florecieron en nosotros se van marchitando paulatinamente. Todos los logros de Dios en nuestra vida se van mal gastando y corrompiendo a medida que perdura nustra condición de separación del Padre.

La esperanza radica en el mensaje de Tito 3:7: hemos sido justificados por la gracia de Dios y hechos herederos de la vida eterna. Aunque nos alejemos, la gracia divina sigue siendo nuestro anclaje, llamándonos de vuelta a la plenitud de nuestra herencia. Reconocer la pérdida gradual de la herencia espiritual es el primer paso para retornar a la presencia del Padre.

PREGUNTAS REFLEXIVAS

¿En qué áreas de tu vida has experimentado el "país lejano" espiritualmente hablando?

¿Cómo el pecado y las distracciones del mundo han afectado tu fruto del Espíritu?

¿Qué pasos prácticos puedes tomar para regresar a la plenitud de tu herencia en Cristo?

¿Cómo la gracia de Dios te motiva a buscar y valorar tu herencia espiritual?

¿Cómo puedes compartir tu experiencia de restauración y retorno con aquellos que puedan sentirse perdidos en el "país lejano"?

Padre amoroso, gracias por tu gracia que me restaura y hace heredero de la vida eterna. Ayúdame a permanecer cerca de ti y a valorar la riqueza de mi herencia espiritual en Cristo. En el poderoso nombre de Jesús, oramos. Amén.

2

LA CONSECUENCIA

"Cuando ya lo había gastado todo, sobrevino una gran escasez en la región y él comenzó a pasar necesidad."

Lucas 15:14 (NVI)

"El que siembra maldad cosecha desgracias;"

Proverbios 22:8 a. (NVI)

La parábola del hijo pródigo nos muestra el impacto de las elecciones que hacemos en nuestra vida. El hijo menor representa a todos los que, por su propia voluntad, eligen apartarse de Dios y de su plan para ellos, buscando satisfacer sus deseos y placeres sin importar las consecuencias. El hijo menor eligió pedir su herencia y marcharse de la casa de su padre, pensando que así sería libre y feliz. Sin embargo, pronto descubrió que su elección lo llevó a una situación de miseria y desgracia.

El hijo experimentó la consecuencia de sus elecciones, que fue la pérdida de todo lo que tenía. No solo perdió su herencia, sino también su familia, su dignidad, su propósito y su comunión con Dios. Se fue a un país lejano, donde vivió desenfrenadamente y derrochó su herencia. No supo administrar ni valorar lo que su padre le había dado, y lo malgastó en vicios y placeres efímeros. Su vida se convirtió en un caos.

Entonces cosechó lo que sembró, como dice el proverbio. Sembró maldad, y cosechó desgracia. Sembró insolencia, y cosechó castigo. Su elección fue una ofensa a su padre, y una rebelión contra su voluntad. Su elección fue una negación de su identidad y de su destino, y una traición a su amor. Su elección fue una decisión de muerte, y no de vida.

El hijo menor nos enseña que nuestras elecciones tienen consecuencias. Nuestras elecciones reflejan nuestro corazón y nuestra actitud hacia Dios; determinan nuestro rumbo y destino. Son nuestras decisiones las que nos acercan o alejan de Dios, de su bendición, y de su amor.

PREGUNTAS REFLEXIVAS

¿Qué criterios usas para hacer tus elecciones en la vida?

¿Qué consecuencias has experimentado o visto en tu vida o en la de otros por las elecciones que han hecho?

¿Cómo puedes discernir y elegir la voluntad de Dios para tu vida?

¿Qué necesitas hacer para corregir tus elecciones si te has equivocado o si has desobedecido a Dios?

¿Cómo puedes agradecer y glorificar a Dios por las elecciones que te han bendecido y te han acercado a él?

Padre celestial, reconozco que he hecho elecciones que te han ofendido y que me han alejado de ti y de tu plan para mí. Te pido perdón por mis errores y mis rebeliones, y te ruego que me ayudes a hacer las elecciones que te agradan y que me llevan a la vida. En el nombre de Jesús, Amén.

3

DE NUEVO CON EL ENEMIGO

"Así que fue y consiguió empleo con un ciudadano de aquel país, quien lo mandó a sus campos a cuidar cerdos."

Lucas 15:15 (NVI)

"Él nos libró del dominio de la oscuridad y nos trasladó al reino de su amado Hijo,"

Colosenses 1:13 (NVI)

La continuación de la historia del hijo pródigo nos lleva a un momento crítico en el cual, en su lejanía espiritual, el hijo se ve obligado a servir en los campos de cerdos. Es un retrato impactante de cómo nuestras elecciones erróneas pueden conducirnos a servir al pecado y sumergirnos en las tinieblas espirituales.

En la parábola, el hijo, en lugar de acercarse al padre amoroso, se acerca a un hombre de aquella región. Aquí podemos vislumbrar una analogía entre ese hombre y el enemigo. Satanás, siendo el príncipe de este mundo, está siendo representado por el hombre de esa región. Al alejarse de la protección del Padre celestial, el hijo se expone a la influencia de aquel que gobierna las tinieblas.

La tarea de apacentar cerdos simboliza servir al pecado y a los demonios. En la cultura judía, los cerdos eran considerados impuros, y que el hijo se encontrara en esta situación indica el nivel más bajo espiritualmente posible. Este servicio refleja la esclavitud al pecado y la separación de la bendición y la protección del Padre celestial.

Colosenses 1:13 nos ofrece la esperanza en medio de esta oscuridad espiritual. Nos recuerda que, a través de Cristo, hemos sido liberados del dominio de las tinieblas y trasladados al reino de su Hijo amado. La gracia divina nos rescata de la esclavitud del enemigo y nos reintegra en la luz y el amor de Dios.

PREGUNTAS REFLEXIVAS

¿En qué áreas de tu vida has experimentado la influencia del enemigo al alejarte de la presencia de Dios?

¿Cómo la parábola del hijo pródigo te motiva a buscar la protección y el amor del Padre celestial en lugar de las influencias del mundo?

¿Qué significa para ti ser trasladado del dominio de las tinieblas al reino de Cristo, según Colosenses 1:13?

¿Cuáles son algunas maneras prácticas en las que puedes resistir las tentaciones que te alejan de Dios y te llevan al servicio del pecado?

¿Cómo puedes compartir el mensaje de liberación en Cristo con aquellos que aún están atrapados en el dominio de las tinieblas?

Padre celestial, gracias por liberarme de la esclavitud del enemigo y trasladarme al reino de tu Hijo amado. Ayúdame a permanecer firme en tu luz y a resistir cualquier influencia que intente apartarme de tí. Que mi vida refleje la victoria que tengo en Cristo. Amén.

4

UNA VIDA SEPARADA DEL PADRE

"Tanta hambre tenía que hubiera querido llenarse el estómago con la comida que daban a los cerdos, pero aun así nadie le daba nada."

Lucas 15:16 (NVI)

"Queridos amigos, les ruego como a extranjeros y peregrinos en este mundo que se aparten de los deseos pecaminosos que combaten contra el alma."

1 Pedro 2:11 (NVI)

En el relato del hijo pródigo, el deseo de llenar su estómago con la comida que daban a los cerdos revela una realidad más profunda: cuando nos apartamos de Dios, nuestros deseos se ven atrapados en una espiral descendente de pecado y desesperación.

Los cerdos, considerados impuros según la ley judía, pueden simbolizar los demonios y las fuerzas malignas que acechan en la lejanía espiritual. El hijo pródigo, al desear la comida de los cerdos, ilustra cómo los deseos pecaminosos nos llevan a satisfacciones temporales que, en última instancia, nos dejan insatisfechos y hambrientos de más. Buscamos ser saciados de felicidad y paz pero no conseguimos ser alimentados porque lo buscamos en el mundo y el pecado.

1 Pedro 2:11 nos llama a apartarnos de los deseos pecaminosos que combaten contra el alma. La lucha espiritual llevada a cabo por estos deseos se ve ilustrada en el hijo al buscar llenar su estómago con el alimento de los cerdos. Los deseos pecaminosos, cuando no son resistidos por el Espíritu, nos arrastran hacia la oscuridad, separándonos de la luz y de la comunión con Dios.

La hambruna espiritual que el hijo pródigo experimenta revela cómo el pecado, aunque promete satisfacción, nos deja con un vacío aún más profundo. Al apartarnos de Dios, nuestros deseos se desvían hacia lo impuro, llevándonos por un camino que solo conduce a la insatisfacción y la separación espiritual. Sin embargo, nunca debemos olvidar que, aunque esos deseos parezcan invencibles pueden deshacerse fácilmente con la gracia del Padre.

PREGUNTAS REFLEXIVAS

¿Qué simboliza la comida de los cerdos en la parábola del hijo pródigo?

¿Cómo has experimentado la lucha espiritual cuando los deseos pecaminosos combaten contra tu alma?

¿En qué formas específicas los deseos pecaminosos pueden conducirte a una lejanía espiritual y hambre constante?

¿Cómo discernir entre los anhelos legítimos y los deseos pecaminosos que amenazan tu relación con Dios?

¿Cuáles son algunas prácticas que puedes adoptar para mantenerte apartado de los deseos pecaminosos y preservar tu cercanía con Dios?

Padre celestial, ayúdame a apartarme de los deseos pecaminosos que me alejan de ti. Concédeme discernimiento para reconocer las trampas de la lejanía espiritual. Dame la sabiduría para buscar continuamente lo que es bueno, puro y santo. Que mi corazón anhele cada vez más de ti. Amén.

5

EL PROPÓSITO EN ACCIÓN

"Por fin recapacitó y se dijo: "¡Cuántos jornaleros de mi padre tienen comida de sobra y yo aquí me muero de hambre!"

Lucas 15:17 (NVI)

Y cuando él venga, convencerá al mundo de su error en cuanto al pecado, a la justicia y al juicio;

Juan 16:8 (NVI)

En el momento de reflexión del hijo pródigo, vemos el propósito de Dios en acción. Aunque el hijo piensa que la idea de regresar es suya, en realidad es el resultado de la gracia divina la que lo atrae de vuelta al hogar del padre.

La reflexión del hijo revela cómo, en medio de nuestra lejanía espiritual, Dios trabaja silenciosamente para atraernos de nuevo a su amor. A menudo, pensamos que es nuestra propia iniciativa querer regresar, pero es el propósito divino en acción, guiándonos hacia la restauración y la plenitud en Dios.

En Juan 16:8, Jesús nos revela la obra trascendental del Espíritu Santo. Vislumbramos la misión divina del Espíritu Santo como un convencimiento amoroso y redentor. El Espíritu llega para iluminar las conciencias, revelando la realidad del pecado que nos separa de Dios. Su labor es guiarnos hacia la verdad de la justicia, mostrándonos el camino de reconciliación y restauración en Cristo. A su vez, nos recuerda que hay un juicio divino y nos impulsa a reflexionar sobre nuestras acciones. En medio de nuestra lejanía espiritual, el Espíritu Santo nos invita a un viaje de transformación y nos recuerda que, a través de Jesús, encontramos la verdadera libertad y la gracia redentora que nos acerca al corazón de Dios.

Es crucial reconocer que la iniciativa de regresar a la presencia del Padre no surge simplemente de nuestras ideas, sino que es una respuesta al llamado y la atracción divina. Cuando empezamos a percibir el hambre espiritual y la escasez en nuestras vidas, es el Espíritu Santo trabajando en nosotros, recordándonos el alimento abundante que nos espera en la casa del Padre.

PREGUNTAS REFLEXIVAS

¿Has experimentado momentos en los que has sentido un deseo interno de regresar a la presencia de Dios?

¿Cómo reconoces la obra de Dios en tu vida, atrayéndote de vuelta a Su amor?

¿Cuáles son algunas maneras en las que Satanás ha intentado engañarte, haciéndote dudar del amor del Padre?

¿Cómo puedes permitir que la obra transformadora del Espíritu Santo influya en tus decisiones, guiándote hacia la restauración en tu relación con Dios?

¿En qué formas puedes cooperar con el propósito de Dios de restauración en tu vida?

Padre amoroso, gracias por tu favor que trabaja en mí, atrayéndome de vuelta a tu amor. Ayúdame a percibir tu obra en mi vida y a confiar en tu promesa de restauración. Que mi retorno a ti sea siempre un testimonio de tu amor redentor. Amén.

6

EL DESPERTAR A LA REALIDAD

"Por fin recapacitó y se dijo: "¡Cuántos jornaleros de mi padre tienen comida de sobra y yo aquí me muero de hambre!"

Lucas 15:17 (NVI)

"Por eso se dice: 'Despiértate, tú que duermes, levántate de entre los muertos, y te alumbrará Cristo.'"

Efesios 5:14 b. (NVI)

En el relato del hijo pródigo, el momento del despertar a la realidad se manifiesta cuando, en medio de su desesperación, reflexiona sobre su propia miseria y la abundancia en la casa de su padre. Este despertar no representa un reconocimiento del hambre física, sino una revelación espiritual de la necesidad de regresar a la presencia del padre amoroso.

En Efesios 5:14, se nos invita a despertar, a levantarnos

de entre los muertos, con la promesa de que Cristo nos iluminará. Aquí se destaca un punto crucial: si damos el paso en respuesta a la acción de atracción de Dios, respondiendo a esa gracia convincente, Él dará el paso de alumbrarnos. La iniciativa divina y nuestra respuesta activa se entrelazan en este proceso de despertar espiritual. Este despertar es más que una mera conciencia; es una invitación a una transformación radical. El proceso no solo implica reconocer la necesidad, sino tomar la decisión de avanzar hacia la fuente de luz que es Cristo.

El enemigo intentará sembrar dudas susurrando que intentaremos pero no lo lograremos y que estamos solos en este viaje. Pero no son más que mentiras. Debemos recordar que todo esto está siendo orquestado por Jesús. Es necesario avanzar en este despertar, seguir la corriente de la gracia, porque nadie puede tener el deseo de buscar a Dios si no es impulsado por el Espíritu Santo.

El Señor es el impulsor detrás de nuestro deseo de buscar a Dios. Nuestra respuesta a la gracia convincente de Dios desencadenará un acto divino de iluminación en nuestras vidas. No estamos solos; avanzamos en compañía de Aquel que nos guía y sostiene. En este despertar, decidamos seguir el fluir de la gracia, confiando en que Jesús está guiando cada paso en nuestro retorno a la plenitud en Él.

 PREGUNTAS REFLEXIVAS

¿Has experimentado un despertar espiritual en tu vida?

¿Cómo respondes a la atracción de Dios en tu jornada espiritual?

¿En qué áreas de tu vida sientes la necesidad de despertar y regresar a la plenitud en Dios?

¿Cómo contrarrestas las mentiras del enemigo que intenta desalentarte en tu búsqueda espiritual?

¿Cómo puedes avanzar decididamente hacia Dios, confiando en Su promesa de iluminarte?

Padre celestial, gracias por Tu gracia que nos atrae hacia Ti. Ayúdanos a dar pasos decididos en respuesta a Tu llamado, confiando en que nos alumbrarás en nuestro camino espiritual. Que nuestra decisión de seguir el fluir de Tu gracia sea una expresión de confianza en Tu obra redentora en nuestras vidas. En el nombre de Jesús, Amén.

7

LA TRISTEZA DE DIOS

"Por fin recapacitó y se dijo: "¡Cuántos jornaleros de mi padre tienen comida de sobra y yo aquí me muero de hambre!"

Lucas 15:17 (NVI)

"La tristeza que proviene de Dios produce el arrepentimiento que lleva a la salvación, de la cual no hay que arrepentirse, mientras que la tristeza del mundo produce la muerte."

2 Corintios 7:10 (NVI)

En el relato del hijo pródigo, la tristeza se convierte en un elemento crucial en su proceso de despertar espiritual. Se muestra cómo, al reflexionar sobre su situación, experimenta una tristeza que proviene de Dios. Esta tristeza es única, ya que es el resultado de reconocer, guiado por el Espíritu Santo, el mal camino que ha tomado y un deseo sincero de no haberlo hecho.

Como podemos ver en 2 Corintios 7:10, la tristeza según Dios desemboca en el arrepentimiento para la salvación. Surge a partir de un reconocimiento genuino de nuestras acciones erróneas. Esta tristeza nos acerca a Dios, nos dirige al perdón divino.

En cambio, existe la tristeza del mundo, instigada por el diablo, que nos sumerge en la desesperanza, depresión y destrucción. Es el remordimiento que Satanás utiliza como una herramienta de acusación, apartándonos de la gracia redentora de Dios. Esta tristeza nos aleja de la luz divina y nos sumerge en la oscuridad espiritual.

El hijo pródigo, en su experiencia, pudo haber experimentado momentos de tristeza, pero la clave está en discernir la fuente de esa tristeza. Su tristeza fue transformadora, conduciéndolo hacia el deseo de alejarse de los cerdos y del empleador de aquella región distante. En lugar de conducir a la muerte espiritual, esta tristeza nos impulsa hacia una vida transformada. Nos invita a dejar atrás las cargas del pecado y abrazar la gracia redentora de Dios.

PREGUNTAS REFLEXIVAS

¿Cuándo has experimentado la tristeza según Dios en tu vida?

¿En qué dirección llevó la tristeza al hijo pródigo?

¿Cómo puede la tristeza que lleva al arrepentimiento fortalecer tu relación con Dios?

¿Qué diferencias observas entre la tristeza del mundo y la tristeza que es según Dios?

¿Cómo puedes compartir la esperanza encontrada en la tristeza transformadora con aquellos que aún no la han experimentado?

Padre celestial, agradezco tu amor que me llama al arrepentimiento. Permíteme entender la tristeza que es conforme a tu voluntad y me conduce a una transformación profunda. Que mi vida refleje la abundancia de tu gracia, y que pueda compartir con otros la esperanza que encuentro en ti. Amén.

8

GUIADO AL ARREPENTIMIENTO

"Me levantaré e iré a mi padre y le diré: Papá, he pecado contra el cielo y contra ti."

Lucas 15:18 (NVI)

"'Aun ahora, afirma el Señor, vuélvanse a mí de todo corazón, con ayuno, llantos y lamentos."

Joel 2:12 (NVI)

El arrepentimiento no es simplemente una oración pidiendo perdón, sino un viaje profundo de transformación guiado por el Espíritu Santo. La declaración del hijo pródigo en Lucas 15:18 no es solo un reconocimiento de pecado, sino el inicio de un camino hacia la restauración. Este proceso va más allá de las palabras; es una reestructuración completa del pensamiento y del corazón.

La palabra de Dios, en Joel 2:12, nos muestra que el llamado divino no se limita a una acción superficial.

"Vuelvan a mí de todo corazón" implica un compromiso total, un retorno sincero con acciones concretas que expresan una transformación interna.

La fase del verdadero arrepentimiento es esencial en el transitar hacia la restauración. No se trata solo de pronunciar palabras de remordimiento, sino de permitir que el Espíritu Santo guíe cada paso en el proceso de cambio. Este viaje implica una reevaluación continua, decisiones concretas y una reorientación de la vida hacia Dios.

Comparando el arrepentimiento verdadero con el falso, observamos que el falso arrepentimiento puede detenerse en el remordimiento u oración superficiales sin un compromiso real de cambio. En contraste, el verdadero arrepentimiento, como ilustra el hijo pródigo, involucra una planificación consciente de acciones que marcarán el camino de regreso al Padre.

En nuestra propia búsqueda de arrepentimiento, permitamos que el Espíritu Santo nos guíe en cada fase del proceso. No nos conformemos con palabras vacías, sino busquemos una transformación genuina que impacte cada área de nuestras vidas.

 PREGUNTAS REFLEXIVAS

¿Cómo defines la fase del arrepentimiento en tu proceso de transitar hacia la restauración?

¿En qué áreas específicas estás permitiendo que el Espíritu Santo guíe la transformación en tu vida?

¿Cómo puedes incorporar la reestructuración de pensamientos en tu viaje de arrepentimiento?

¿Cuáles son las decisiones concretas que estás tomando como parte de tu compromiso de cambio?

¿En qué formas puedes permitir que el Espíritu Santo dirija cada paso de tu viaje hacia la restauración?

Padre celestial, gracias por la guianza constante del Espíritu Santo en mi viaje de arrepentimiento. Ayúdame a no conformarme con palabras vacías, sino a buscar una transformación profunda en cada área de mi vida. Que mi transitar hacia la restauración sea guiada por Ti. En el nombre de Jesús, Amén.

9

LA NECESIDAD DE HUMILDAD

"Me levantaré e iré a mi padre y le diré: Papá, he pecado contra el cielo y contra ti."

Lucas 15:18 (NVI)

"Humíllense delante del Señor, y él los exaltará."

Santiago 4:10 (NVI)

Esta maravillosa parábola nos sumerge en el reconocimiento crucial de la necesidad de humildad. El hijo, enfrentado a sus propias decisiones erróneas, toma conciencia de su condición y decide volver a su padre. Su declaración revela no solo la conciencia del pecado sino también la disposición de humillarse, reconociendo su equivocación, ante aquel a quien ha ofendido.

La humildad, tan vital en nuestra relación con Dios, se presenta como el puente que conecta nuestra necesidad con la gracia divina. Santiago 4:10 refuerza este principio al invitarnos a humillarnos delante del Señor, reconociendo nuestra dependencia de Él. Este versículo resalta la promesa divina de exaltación a aquellos que se humillan voluntariamente.

En el mundo actual, la humildad se percibe como una debilidad pero, según la Palabra de Dios, es la clave para recibir la gracia de Dios. La necesidad de humildad se manifiesta no solo en nuestra relación con Dios sino también en nuestras interacciones con los demás. La humildad fomenta la reconciliación y la unidad, construyendo puentes en lugar de barreras.

La parábola del hijo pródigo y las enseñanzas de Santiago nos recuerdan que la humildad no es un acto degradante, sino un reconocimiento sabio de nuestra realidad ante Dios. Al aceptar nuestra necesidad de humillarnos, abrimos la puerta a la gracia redentora de Dios, experimentando la restauración y el amor del Padre celestial.

PREGUNTAS REFLEXIVAS

¿En qué áreas de mi vida puedo cultivar una actitud humilde, reconociendo mi dependencia de Dios?

¿Cómo puedo practicar la humildad en mis relaciones, permitiendo que la gracia de Dios fluya a través de mis interacciones?

¿Estoy dispuesto a reconocer y admitir mis errores, siguiendo el ejemplo del hijo pródigo en su camino de regreso al Padre?

¿Cómo la humildad puede ser un catalizador para la reconciliación y la unidad en mi entorno?

¿Cómo puedo ser humilde en mis éxitos y logros, reconociendo que todo viene de la mano de Dios?

Padre amoroso, reconozco mi necesidad de humildad ante ti. Ayúdame a seguir el ejemplo del hijo pródigo, reconociendo mis faltas y buscando tu perdón. Que la humildad guíe mis acciones y relaciones, permitiendo que tu gracia fluya abundantemente en mi vida y en el mundo que me rodea. Amén.

10

FE EN LA COMPASIÓN

"Me levantaré e iré a mi padre y le diré: Papá, he pecado contra el cielo y contra ti."

Lucas 15:18 (NVI)

" Jesús extendió la mano y tocó al hombre. —Sí, quiero —dijo—. ¡Queda limpio!"

Lucas 5:13 (NVI)

La decisión del hijo pródigo de regresar a su padre revela una profunda fe en la compasión paternal. Su resolución de regresar y de decir: "Padre, he pecado" implica una confianza en la naturaleza amorosa y restauradora de su padre. Esta fe en la compasión del padre lo motiva a emprender el viaje de regreso. Si no creyera que el padre era compasivo ni siquiera se hubiera imaginado la posibilidad de regresar y ser recibido.

Nosotros, a diferencia del hijo pródigo, a menudo

percibimos a Dios como un ser indiferente y hasta cruel. Lo cierto es que la naturaleza de nuestro Padre Celestial es compasiva y tierna. Lucas 5:13 ilustra este punto cuando Jesús, lleno de compasión, limpia a un leproso. El leproso dudaba y le pidió a Jesús que, si quería, podía sanarlo. Jesús le respondió: Quiero. La respuesta de Jesús revela la verdadera naturaleza de Dios: un ser bondadoso que desea restaurar y sanar.

Es crucial deshacernos de patrones de paternidad erróneos que distorsionan nuestra percepción de Dios. A veces, experiencias pasadas pueden influir en cómo vemos a nuestro Padre celestial. Jesús, al afirmar "Quiero" al leproso, establece la constante voluntad de Dios de restaurar, sin importar cuántas veces hayamos caído.

Nuestra fe en la compasión del Padre es fundamental para regresar a Él. Creer en su bondad nos impulsa a acercarnos con confianza, sabiendo que su deseo es restaurarnos. La fe no solo es creer en su existencia o gran poder, sino confiar en su naturaleza compasiva y restauradora.

PREGUNTAS REFLEXIVAS

¿Cómo afecta tu percepción de Dios en tu fe y decisión de regresar a Él?

¿Has experimentado la compasión restauradora de Dios en tu vida?

¿En qué áreas necesitas renovar tu fe en la bondad del Padre?

¿Cómo puedes compartir la verdad de la compasión de Dios con otros?

¿Qué pasos puedes dar para deshacerte de patrones de paternidad erróneos y abrazar la verdad sobre Dios?

Padre bondadoso, gracias por tu amor que restaura. Ayúdame a tener fe en tu compasión para acercarme confiadamente, sabiendo que siempre deseas restaurarme. En el nombre de Jesús, Amén.

11

ACEPTANDO EL SEÑORÍO

"...trátame como si fuera uno de tus jornaleros."

Lucas 15:19 b (NVI)

" No todo el que me dice: "Señor, Señor", entrará en el reino de los cielos, sino solo el que hace la voluntad de mi Padre que está en el cielo. "

Mateo 7:21 (NVI)

Aceptar el señorío de Dios implica un cambio fundamental en nuestra mentalidad y actitud. En la segunda parte de la declaración del hijo pródigo en Lucas 15:19, vemos cómo su enfoque se transforma. Al pedir ser tratado como un jornalero, reconoce la necesidad de someterse a la voluntad del padre.

La Escritura, en Mateo 7:21, destaca la importancia de hacer la voluntad de Dios como una expresión genuina de aceptar Su señorío. Contrastando con la actitud inicial del hijo pródigo, que reclamaba su herencia de manera arrogante, ahora comprende que el verdadero camino hacia la restauración implica actuar no solo como un hijo beneficiario, sino como un siervo obediente.

En ocasiones, podemos desconectar la mentalidad de hijos herederos de la mentalidad de siervos que sirven al propósito de Dios. Esta desconexión puede llevarnos a actuar, de manera inmadura, como lo hizo el hijo pródigo al reclamar su herencia. Sin embargo, el proceso de arrepentimiento nos lleva a comprender que somos tanto hijos como siervos del Rey celestial.

Aprender a someternos a la voluntad del Padre es esencial en el viaje espiritual. Dejamos de pensar y actuar como hijos rebeldes para abrazar nuestra identidad dual: somos herederos del Reino y siervos obedientes que buscan hacer la voluntad divina.

 PREGUNTAS REFLEXIVAS

¿Cómo has experimentado la dualidad de ser hijo y siervo en tu relación con Dios?

¿En qué áreas necesitas ajustar tu mentalidad para aceptar plenamente el señorío de Dios?

¿Cómo afecta la mentalidad de siervo tu disposición para hacer la voluntad de Dios?

¿En qué formas puedes expresar tu aceptación del señorío de Dios en tus acciones diarias?

¿Se enfoca tu proceso de arrepentimiento en tu sumisión a la voluntad divina?

Padre celestial, te reconozco como mi Señor, y deseo someterme a tu voluntad. Ayúdame a comprender la importancia de actuar no solo como hijo beneficiario, sino también como siervo obediente. Que mi mentalidad refleje aceptación plena de tu señorío en mi vida. En el nombre de Jesús, Amén.

DE VUELTA AL CAMINO

12

ARREPENTIDO SINCERAMENTE

"Así que emprendió el viaje y se fue a su padre."

Lucas 15:20 (NVI)

"Por tanto, para que sean borrados sus pecados, arrepiéntanse y vuélvanse a Dios,"

Hechos 3:19 (NVI)

El verdadero arrepentimiento no es solo una expresión de palabras, sino una acción transformadora. En la primera parte de Lucas 15:20, vemos al hijo pródigo dando un paso audaz: "Así que emprendió el viaje y se fue a su padre." Aquí, el arrepentimiento se manifiesta en acciones concretas y decisivas. Antes él había reflexionado sobre el arrepentimiento por guianza del Espíritu Santo. Sin embargo, ahora lo está convirtiendo en acciones. Y es, precisamente esto, lo que lo convierte en un arrepentimiento genuino.

La palabra "arrepentimiento" en la Biblia implica un

cambio profundo de rumbo, dirección y transformación. Hechos 3:19 refuerza esta idea, instándonos a "arrepentirnos y volvernos" para que nuestros pecados sean borrados. El verdadero arrepentimiento va más allá de la expresión de remordimiento; implica un cambio de vida sustancial.

El contraste entre el verdadero y el falso arrepentimiento es evidente en la acción del hijo pródigo. Ya no se conforma con vivir en la tierra donde malgastó su herencia, representativa del mundo sin Dios. Su arrepentimiento implica renunciar al pecado, a los malos hábitos y a la lejanía espiritual.

El viaje del hijo pródigo hacia su padre no significa un cambio de ubicación geográfica, sino un retorno a la relación restaurada con el Padre celestial. Este proceso de alejarse de la tierra del pecado y dirigirse hacia Dios es el corazón mismo del arrepentimiento genuino. Esto puede significar tomar acciones difíciles como romper relaciones tóxicas de amistad o noviazgo, dejar de frecuentar lugares, romper o botar objetos pecaminosos, borrar archivos digitales impíos, etc. Puede implicar no solo dejar cosas sino abrazar nuevos hábitos, amistades, etc. Puede parecer difícil o imposible pero la gracia de Dios hace lo imposible posible y lo difícil lo transforma en algo fácil.

PREGUNTAS REFLEXIVAS

¿Cómo has reflejado tu arrepentimiento en acciones concretas?

¿En qué áreas específicas has emprendido un viaje de alejamiento del pecado y acercamiento a Dios?

¿Cómo puedes aplicar la idea de "arrepentirte y volverte" en tu jornada espiritual diaria?

¿Cuáles son los obstáculos que has superado en tu camino hacia el arrepentimiento genuino?

¿Cómo puedes inspirar a otros a emprender su propio viaje de arrepentimiento a través de tus acciones?

Padre celestial, gracias por darme la oportunidad de experimentar un arrepentimiento genuino. Ayúdame a seguir el ejemplo del hijo pródigo al emprender acciones concretas que reflejen un cambio profundo en mi vida. Que mi viaje de arrepentimiento sea evidente en cada paso que doy hacia Ti. En el nombre de Jesús, Amén.

13

LA MIRADA COMPASIVA

"Todavía estaba lejos cuando su padre lo vio y se compadeció de él;"

Lucas 15:20 a. (NVI)

"Pero ahora en Cristo Jesús, a ustedes que antes estaban lejos, Dios los ha acercado mediante la sangre de Cristo."

Efesios 2:13 (NVI)

La historia del hijo pródigo nos revela un aspecto asombroso del carácter del Padre celestial: Su prontitud para extendernos gracia, incluso cuando estamos lejos. En la segunda parte de Lucas 15:20, observamos que el padre ve a su hijo desde lejos y se compadece de él.

Este acto de compasión refleja el corazón de Dios en nuestro proceso de restauración. Efesios 2:13 refuerza este concepto al afirmar que, en Cristo Jesús, aquellos que antes estaban lejos han sido acercados mediante Su preciosa sangre. Dios no espera a que estemos cerca; Su gracia nos alcanza cuando estamos todavía lejos.

La comprensión de que Dios nos ve y se compadece de nosotros incluso en nuestra lejanía es vital. No significa que todo esté resuelto en nosotros, sino que Él, en Su infinita misericordia, está dispuesto a seguir trabajando en nosotros desde el momento en que nuestros corazones arrepentidos lo buscan.

El padre del hijo pródigo no exigió que su hijo resolviera todos sus problemas antes de acogerlo de vuelta. De manera similar, Dios no espera a que arreglemos completamente nuestras vidas antes de extendernos Su gracia. En nuestro proceso de restauración, percibimos la gracia de Dios no porque todo esté perfecto en nosotros, sino porque Él nos está observando con amor, guiándonos paso a paso en nuestro caminar hacia Él. Si sientes que te falta mucho, que todavía estas lejos, a pesar de dar pasos firmes, no te desanimes. Dios te está mirando con alegría y compasión.

PREGUNTAS REFLEXIVAS

¿Cómo experimentas la compasión de Dios en tu vida, incluso cuando te sientes lejos?

¿En qué áreas de tu vida reconoces que todavía estás lejos, pero percibes la gracia de Dios trabajando?

¿Cómo afecta la comprensión de la compasión de Dios en tu relación con Él?

¿Qué significa para ti que la gracia de Dios no espera a que estemos cerca, sino que nos alcanza en nuestra lejanía?

¿Cómo puedes reflejar la misma compasión y gracia hacia aquellos que se encuentran lejos en su viaje espiritual?

Padre amoroso, gracias por tu prontitud para acercarte a mí, incluso cuando estoy lejos. Ayúdame a comprender la profundidad de tu gracia y compasión en mi jornada de restauración. Que pueda reflejar esa misma gracia hacia los demás. En el nombre de Jesús, Amén.

14

INSONDABLE MISERICORDIA

"Todavía estaba lejos cuando su padre lo vio y se compadeció de él;"

Lucas 15:20 a. (NVI)

" Den gracias al Señor porque él es bueno; su gran amor perdura para siempre.

Salmo 118:29 (NVI)

La misericordia insondable de Dios trasciende las barreras del tiempo, espacio y límites humanos. Es un océano sin fondo que se derrama sobre nosotros sin importar cuán lejos nos hayamos ido. En su infinita compasión, Dios no se ve limitado por nuestras fallas ni por el pasado; su misericordia es un regalo eterno que nos envuelve en cada momento.

La compasión del Padre, expresada a través de la parábola del hijo pródigo, nos introduce en la magnitud de la misericordia de Dios. Es una misericordia que va más allá de lo que nuestra mente puede comprender. En el Salmo 118:29, se nos insta a dar gracias al Señor porque Él es bueno, y su amor perdura para siempre.

La misericordia divina trasciende nuestras distancias y fallas. La imagen del padre viendo a su hijo desde lejos y sintiendo compasión es un recordatorio vívido de cómo Dios nos observa con ojos llenos de misericordia, incluso cuando estamos distantes espiritualmente.

La misericordia no se agota; es eterna. La bondad de Dios se manifiesta a través de su disposición constante para acercarse a nosotros en nuestra necesidad, para perdonarnos y restaurarnos. Cuando el padre del hijo pródigo se compadeció, mostró la misma misericordia que Dios extiende hacia nosotros una y otra vez.

Esta gracia sin límites es un faro de esperanza que resplandece incluso en nuestras oscuridades más profundas, recordándonos que, en el corazón de Dios, siempre encontramos un amor que va más allá de nuestra comprensión. En su misericordia, descubrimos un refugio que no conoce límites, un refugio donde nuestras imperfecciones se encuentran con la redención y la renovación constante.

PREGUNTAS REFLEXIVAS

¿Cómo has experimentado la misericordia de Dios en tu vida?

¿En qué áreas de tu vida reconoces la necesidad de la misericordia divina?

¿Cómo la comprensión de la misericordia de Dios afecta tu relación con Él?

¿Cómo puedes expresar gratitud por la misericordia de Dios en tu vida diaria?

¿Cómo puedes compartir la misericordia divina con aquellos que te rodean?

Padre misericordioso, gracias por acercarte a mí en medio de la lejanía y por mostrarme compasión. Ayúdame a vivir en respuesta a tu misericordia y a compartir ese amor con los demás. En el nombre de Jesús, Amén.

15

EL PADRE CORRE

"...salió corriendo a su encuentro,"

Lucas 15:20 b. (NVI)

"Acérquense a Dios y él se acercará a ustedes."

Santiago 4:8 a. (NVI)

En la parábola del hijo pródigo, la imagen del padre corriendo al encuentro de su hijo refleja el deseo ferviente de Dios de acercarse a nosotros. La rebeldía y nuestra lejanía espiritual pueden parecer obstáculos insuperables, pero la actitud del padre en la parábola revela otra realidad. Aunque nuestros pecados y elecciones nos alejan, Dios no nos ve con ojos de juicio y condena; en cambio, anhela ardientemente remover los obstáculos que nos separan de Él.

La iniciativa no está solo en nosotros. Desde el momento en que damos pasos de arrepentimiento y acercamiento, Dios corre a nuestro encuentro con un amor que supera nuestra comprensión. Su corazón paternal no busca rechazar, sino recibir. No ansía castigar, sino restaurar. El Padre celestial corre hacia nosotros, ansioso de restablecer la relación que la rebeldía y la distancia espiritual han interrumpido.

El Espíritu Santo nos invita a acercarnos a Dios y promete que Él, a su vez, se acercará a nosotros. Santiago 4:8 resuena como un llamado amoroso de Dios, exhortándonos a dar el primer paso. Al acercarnos a Él, con corazones arrepentidos, experimentamos la asombrosa realidad de que el Dios del universo no solo nos espera, sino que corre apresuradamente a nuestro encuentro.

PREGUNTAS REFLEXIVAS

¿Cómo interpretas la imagen del padre corriendo al encuentro en tu propia relación con Dios?

¿En qué áreas de tu vida sientes la necesidad de acercarte más a Dios?

¿Cómo superas los obstáculos que podrían estar impidiendo tu acercamiento a Dios?

¿Cómo puedes aplicar la enseñanza de Santiago 4:8 en tu vida cotidiana?

¿Cómo experimentas el amor de Dios cuando das pasos de arrepentimiento y acercamiento?

Padre amoroso, gracias por tu deseo constante de acercarte a mí. Ayúdame a comprender tu amor que corre hacia mi corazón cuando doy pasos hacia ti. Que siempre pueda acercarme a ti con corazón arrepentido y experimentar la plenitud de tu abrazo. En el nombre de Jesús, Amén.

16

LA ABUNDANTE GRACIA

"...lo abrazó y lo besó."

Lucas 15:20 c. (NVI)

" él nos salvó, no por nuestras propias obras de justicia, sino por su misericordia."

Tito 3:5 a. (NVI)

La conmovedora escena del padre, abrazando y besando a su hijo que estaba perdido, nos sumerge en la esencia misma de la gracia divina. Imagina al hijo pródigo, desgastado por la vida en lejanía, esperado ser recibido con reproches. En cambio, el padre, en lugar de emitir condena, corre con amor desbordante. Este gesto de gracia va más allá de cualquier mérito humano; es un reflejo del amor abundante que Dios tiene por cada uno de nosotros.

La gracia no espera a que alcancemos un estándar, no se gana por nuestros esfuerzos. Cuando el padre abraza al hijo, está diciendo: "No importa lo que hayas hecho, te amo". Tito 3:5 destaca que nuestra salvación es un regalo divino, un acto de misericordia que nos libera de depender de nuestras propias obras para ganar la gracia de Dios. Gracia significa favor inmerecido. No es una recompensa sino un regalo. El hijo pródigo no merecía la recompensa de la misericordia pero el favor inmerecido del padre lo hizo participante de otra oportunidad.

Esta gracia transformadora va más allá del perdón; es un abrazo restaurador que nos devuelve a la plenitud de la relación con Dios. Nuestro Padre celestial no espera a que seamos dignos; ansía encontrarse con nosotros en nuestra lejanía espiritual. Él anhela abrazarnos y besarnos con su gracia sobreabundante.

 PREGUNTAS REFLEXIVAS

¿Cómo experimentas la gracia del Padre en tu vida cotidiana?

¿En qué áreas reconoces la necesidad de la gracia divina en tu caminar espiritual?

¿Cómo puedes compartir la gracia de Dios con aquellos que te rodean?

¿Cuál es tu reacción al recordar que la salvación no se basa en tus obras, sino en la misericordia de Dios?

¿Cómo la gracia del Padre te motiva a vivir una vida de gratitud y servicio?

Padre celestial, gracias por tu amor que me abraza y restaura. Reconocozco que mi salvación es un regalo de tu misericordia, no por mis obras. Ayúdame a vivir en respuesta a tu gracia, compartiéndola con otros y viviendo una vida que te honre. En el nombre de Jesús, Amén.

17

LA CONFESIÓN DEL HIJO

"El joven le dijo: Papá, he pecado contra el cielo y contra ti. Ya no merezco que se me llame tu hijo."

Lucas 15:21 (NVI)

"Si confesamos nuestros pecados, Dios, que es fiel y justo, nos los perdonará y nos limpiará de toda maldad."

1 Juan 1:9 (NVI)

La escena conmovedora del hijo pródigo confesando su pecado ante su padre nos ilustra la importancia fundamental de la confesión. Su sinceridad al decir: "Papá, he pecado" es un poderoso recordatorio de que la confesión es el puente que reconstruye la relación con Dios.

1 Juan 1:9 nos asegura que, cuando confesamos nuestros pecados, Dios, en su rica gracia, nos perdona y nos purifica. La confesión no es solo admitir nuestros

errores, sino también romper el hielo en nuestra comunicación con Dios después de un período de distancia. Muchas veces, después de un tiempo de separación espiritual, nos cuesta dirigirnos a Dios y orar.

La confesión no sorprende a Dios; más bien, abre la puerta a su gracia transformadora. Al admitir nuestras faltas, reconocemos nuestra necesidad de perdón y nos volvemos hacia Aquel que es fiel para perdonar. La confesión no solo restaura nuestra comunión con Dios, sino que también nos libera de la carga del pecado.

Es fácil caer en la trampa de evitar la confesión por vergüenza o temor. Sin embargo, la confesión es el camino hacia la restauración y la renovación espiritual. Es el acto valiente de poner nuestras faltas delante de Dios, confiando en su gracia y misericordia.

 PREGUNTAS REFLEXIVAS

¿Cómo te sientes acerca de la confesión de pecados?

¿Has experimentado el poder liberador de la confesión
en tu vida espiritual?

¿En qué áreas necesitas romper el hielo y hablar con
Dios a través de la confesión?

¿Te ha sido difícil dirigirte a Dios, alguna vez, después
de un período de lejanía espiritual?

¿Qué pasos prácticos puedes tomar para hacer de la
confesión una parte regular de tu vida espiritual?

Padre misericordioso, te agradezco por tu gracia que perdona y restaura. Ayúdame a comprender la importancia de la confesión y a practicarla como un medio para renovar mi relación contigo. En el nombre de Jesús, Amén.

18

EL "PERO" DEL PADRE

"Pero el padre ordenó a sus siervos: "¡Pronto! Traigan la mejor ropa para vestirlo. Pónganle también un anillo en el dedo y sandalias en los pies."

Lucas 15:22 (NVI)

"Mas a cuantos lo recibieron, a los que creen en su nombre, les dio el derecho de ser hechos hijos de Dios."

Juan 1:12 (NVI)

La narrativa del hijo pródigo nos presenta un giro revelador con un "pero" en el versículo 22. Aunque el hijo había planeado decir: "Hazme como a uno de tus jornaleros", el padre interrumpe sus palabras con una sorprendente respuesta de amor y restauración. Ordenó a sus siervos que rápidamente lo vistieran y calzaran. El hijo no logró terminar el discurso que antes había planificado. Él confiaba en su declaración de humildad. Sin embargo, al padre no le importaba; sólo deseaba elevar su posición y terminar con el dolor que la destrucción del pecado le había provocado.

Dios no solo perdona nuestros pecados, sino que nos restaura a la posición de hijos. A pesar de nuestras fallas, Él nos viste con el mejor ropaje, nos coloca un anillo que significa nuestra identidad y nos provee sandalias que señalan nuestra condición de familia real. Su respuesta va más allá de lo que podríamos imaginar.

Juan 1:12 resalta que a todos los que reciben a Jesús y creen en su nombre, Dios les otorga el derecho de ser hijos suyos. A menudo, nos sentimos indignos debido a nuestras acciones pasadas, al igual que el hijo pródigo quien dudaba de seguir siendo llamado hijo. Sin embargo, el giro inesperado del Padre revela la gracia divina que supera nuestras percepciones limitadas.

Este "pero" en la historia del hijo pródigo nos enseña sobre la abundancia de la gracia divina. No se trata solo de perdón, sino de una restauración completa a la familia de Dios. El padre no solo nos ve como siervos, sino como hijos amados que tienen un lugar especial en su corazón.

PREGUNTAS REFLEXIVAS

¿Cómo te sientes al considerar la respuesta del padre hacia el hijo pródigo?

¿Has experimentado la sorprendente gracia de Dios en tu vida?

¿En qué áreas necesitas recordar que eres un hijo amado de Dios?

¿Cómo puedes compartir la verdad del "pero" del padre con aquellos que se sienten indignos?

¿Cómo esta verdad transforma tu perspectiva sobre la gracia de Dios en tu vida diaria?

Padre bueno, te pido que pueda vivir cada día recordando que soy tu amado hijo, revestido de Cristo y llamado a una herencia real. Que tu gracia transformadora sea evidente siempre en mi vida. En el nombre de Jesús, Amén.

19

VESTIDO DE JUSTICIA

"Pero el padre ordenó a sus siervos: "¡Pronto!
Traigan la mejor ropa para vestirlo. Pónganle
también un anillo en el dedo y sandalias en los pies. "

Lucas 15:22 (NVI)

" Así que el ángel dijo a los que estaban allí, delante
de él: ¡Quítenle las ropas sucias! Y a Josué dijo:
Como puedes ver, ya te he liberado de tu culpa; ahora
voy a vestirte con ropas de gala. "

Zacarías 3:4 (NVI)

La imagen del hijo pródigo siendo vestido con la mejor ropa por su padre es un poderoso símbolo de la obra redentora de Dios en nuestras vidas. Las vestiduras sucias representan nuestros pecados, imperfecciones y transgresiones. El "mejor vestido" que el padre coloca sobre el hijo pródigo no solo cubre, sino que simboliza el perdón y la justificación. Este acto refleja la perfección de la obra de Cristo, quien nos viste con su propia justicia.

La elección del "mejor vestido" subraya la excelencia y la plenitud del perdón de Dios. No se nos ofrece una vestidura mediocre o insuficiente, sino la mejor. Dios no solo nos perdona, sino que nos restaura a un estado de gracia y favor divino. Las vestiduras no solo representan un cambio externo, sino una transformación del corazón.

Zacarías 3:4 nos presenta una escena similar, donde las vestiduras sucias del sacerdote Josué son retiradas, simbolizando la eliminación de su pecado. Luego se le viste con ropas de gala, indicando perdón y restauración. La conexión entre Lucas 15:22 y Zacarías 3:4 revela que la obra redentora de Dios es consistente a lo largo de las Escrituras. La gracia de Dios nos quita nuestras ropas manchadas de pecado y nos viste con la justicia de Cristo. Somos aceptados no por nuestras propias obras, sino por la obra perfecta de Jesús en la cruz.

PREGUNTAS REFLEXIVAS

¿Cómo te hace sentir la imagen de ser vestido con el "mejor vestido" de Dios?

¿Cómo experimentas la transformación interna que acompaña al perdón de Dios?

¿En qué áreas necesitas recordar que estás vestido con la justicia de Cristo?

¿Cómo puedes compartir la verdad del "mejor vestido" con aquellos que luchan con la culpa y el pecado?

¿Cómo impacta esta verdad en la forma en que te percibes a ti mismo?

Padre celestial, gracias por vestirme con tu mejor ropa, por perdonarme y restaurarme. Hazme recordar cada día que estoy cubierto por la justicia de Cristo y que tu gracia transformadora me renueva. En el nombre de Jesús, Amén.

20

VESTIDO DE GOZO

"Pero el padre ordenó a sus siervos: "¡Pronto! Traigan la mejor ropa para vestirlo. Pónganle también un anillo en el dedo y sandalias en los pies."

Lucas 15:22 (NVI)

" Convertiste mi lamento en danza; me quitaste la ropa de luto y me vestiste de alegría."

Salmo 30:11 (NVI)

El mejor vestido que el padre coloca sobre el hijo pródigo simboliza también la alegría y el regocijo que acompañan a la salvación y restauración. El gozo en la salvación es una temática recurrente en la Biblia. Cuando el hijo pródigo regresa a casa, su padre no solo le ofrece perdón y justicia, sino que también le otorga una vestidura de gozo. Este gozo va más allá de la mera satisfacción; es una expresión jubilosa de la relación restaurada con el Padre.

Salmo 30:11 refleja la misma verdad, mostrando cómo Dios transforma nuestra tristeza en gozo. La vestidura de luto es reemplazada por ropas de celebración. Este acto de vestirnos de gozo es un recordatorio de la maravillosa obra de Dios al cambiar nuestra condición espiritual y emocional. Una de las cosas que se roba el pecado es el gozo verdadero. En lugar de ello, solo hay culpa y dolor, aunque no lo querramos dar a entender a los demás. Una vez pasada la tristeza restauradora del proceso de arrepentimiento, vuelve el gozo de la salvación. Una inmensa satisfacción a causa del perdón y la presencia del Espíritu Santo comienza a inundar nuestro interior.

La vestidura de gozo nos habla de una experiencia interna y profunda. No es solo una apariencia externa; es el reflejo de un corazón limpio y sin culpa. Dios no solo nos perdona, sino que también restaura nuestra alegría perdida, nos levanta de la tristeza y nos viste con la luz radiante de Su presencia.

PREGUNTAS REFLEXIVAS

¿Cómo experimentas el gozo de la salvación en tu vida diaria?

¿En qué áreas de tu vida necesitas experimentar una renovación del gozo en Dios?

¿Cómo influye el gozo en tu testimonio y la forma en que compartes la fe?

¿Cómo puedes animar a otros a vestirse de gozo en medio de las circunstancias difíciles?

¿Cuál es tu respuesta al recordar que Dios te ha vestido con ropas de celebración y gozo?

Padre celestial, gracias por vestirme con ropas de gozo y celebración. Que mi corazón se regocije constantemente en tu salvación y gracia. Que siempre pueda compartir este gozo con otros, siendo testigo de tu obra transformadora. En el nombre de Jesús, Amén.

21

EL ANILLO DEL REINO

"Pero el padre ordenó a sus siervos: "¡Pronto! Traigan la mejor ropa para vestirlo. Pónganle también un anillo en el dedo y sandalias en los pies."

Lucas 15:22 (NVI)

" Pero ustedes son descendencia escogida, sacerdocio regio, nación santa, pueblo que pertenece a Dios, para que proclamen las obras maravillosas de aquel que los llamó de las tinieblas a su luz admirable."

1 Pedro 2:9 (NVI)

El gesto de colocar un anillo en el dedo del hijo pródigo no solo simboliza su restauración, sino que también representa la autoridad y posición que recupera como hijo amado en el Reino. En la antiguedad, el anillo no solo era una joya, sino también una señal de adopción y autoridad.

En el relato de José en Génesis, vemos cómo Faraón le

entrega un anillo como símbolo de la autoridad delegada. Con este acto, Faraón le decía a José y todos: ¡Aquí está el nuevo gobernador, el Visir de Egipto! De manera similar, el anillo en la parábola del hijo pródigo indica que el padre está restaurando no solo la posición de hijo, sino también la autoridad y responsabilidad que conlleva esa posición.

1 Pedro 2:9 resalta que somos un linaje escogido, un real sacerdocio, un pueblo que pertenece a Dios. Esta es una declaración de nuestra identidad y autoridad en el Reino de Dios. El anillo que el padre coloca en el dedo del hijo pródigo refleja nuestra posición como hijos y sacerdotes en el reino divino. Ya no somos esclavo del diablo y el pecado. Ahora la oscuridad se encuentra derrotada bajo nuestros pies.

Como creyentes, llevamos el anillo de autoridad que nos otorga acceso al trono de Dios. Somos llamados a proclamar las obras maravillosas de aquel que nos llamó de las tinieblas a su luz admirable. Este anillo simboliza no solo la restauración, sino también la comisión divina de ser portadores de la autoridad de Dios en la tierra.

 PREGUNTAS REFLEXIVAS

¿Cómo percibes la autoridad simbolizada por el anillo en tu vida como hijo de Dios?

¿En qué áreas de tu vida necesitas ejercer la autoridad que Dios te ha dado?

¿Cómo influye tu identidad como parte del real sacerdocio en tu servicio a Dios y a los demás?

¿Cómo puedes proclamar las obras maravillosas de Dios en tu entorno?

¿Cómo esta verdad sobre la autoridad de los creyentes afecta tu enfoque hacia los desafíos y situaciones difíciles?

Padre celestial, gracias por el anillo de autoridad que me has dado como hijo en tu reino. Que pueda caminar en la autoridad y responsabilidad que viene de ser llamado por ti. Que mi vida proclame tus maravillas. En el nombre de Jesús, Amén.

22

CALZADO DE DIGNIDAD

"Pero el padre ordenó a sus siervos: "¡Pronto! Traigan la mejor ropa para vestirlo. Pónganle también un anillo en el dedo y sandalias en los pies. "

Lucas 15:22 (NVI)

" Y ustedes no recibieron un espíritu que de nuevo los esclavice al miedo, sino el Espíritu que los adopta como hijos y les permite clamar: ¡Abba! ¡Padre!"

Romanos 8:15 (NVI)

En la cultura hebrea, el calzado era más que una simple protección para los pies; llevaba consigo un significado de dignidad. Andar descalzo, por el contrario, era un símbolo de humillación, pobreza y deshonra. Cuando el hijo pródigo regresó, su condición espiritual se reflejaba en la ausencia de calzado, revelando una situación de mendicidad y pobreza.

El gesto del padre al proveer sandalias al hijo pródigo

va más allá de la comodidad física; implica despojar la deshonra asociada con la lejanía y restaurar tanto la posición como la dignidad del hijo. Este acto representa un distanciamiento de la mendicidad espiritual y señala una restauración completa a una posición de honor.

En Romanos 8:15, encontramos un recordatorio poderoso de nuestra identidad y dignidad como hijos de Dios. Este versículo nos revela que no hemos sido destinados a vivir esclavizados por el temor, sino que hemos recibido el Espíritu que nos adopta como hijos. Esta adopción va más allá de una simple relación; nos permite clamar con confianza y cercanía a nuestro Padre celestial, usando la expresión íntima "¡Abba! ¡Padre!". Este término "Abba" resuena con la ternura de un niño que se dirige a su padre con amor y confianza. Así, somos llamados a vivir en la libertad y seguridad de ser reconocidos como hijos amados, liberados del yugo del miedo para experimentar plenamente la gracia y la conexión que provienen de nuestra filiación divina.

Que este recordatorio de la restauración divina nos motive a caminar en la plenitud de nuestra identidad en Cristo. Recordemos que en Dios encontramos liberación del temor y que Él anhela restaurar completamente nuestra dignidad. Que esta verdad impacte nuestras interacciones diarias y nos impulse a compartir con otros la esperanza que hemos encontrado en Cristo.

 PREGUNTAS REFLEXIVAS

¿Cómo interpretas el simbolismo de las sandalias en la cultura hebrea en la parábola del hijo pródigo?

¿En qué formas has experimentado la gracia de Dios al dejar atrás la vergüenza en tu vida espiritual?

¿Cómo te motivaría la promesa de Romanos 10:11 en tu día a día?

¿En qué áreas de tu vida podrías aplicar la idea de ser restaurado a una posición de honor y dignidad?

¿Cómo compartirías la esperanza encontrada en Cristo con alguien que pueda sentir vergüenza o necesitar restauración?

Padre celestial, te agradezco por tu amor infinito y por la dignidad que me ofreces en Cristo. Permíteme vivir en la plenitud de la identidad que me otorgaste y que mi vida sea un testimonio de tu gracia redentora. Ayúdame a compartir con otros la esperanza que encontré en ti. En el nombre de Jesús oramos, Amén.

23

SANDALIAS DE DOMINIO

"Pero el padre ordenó a sus siervos: "¡Pronto!
Traigan la mejor ropa para vestirlo. Pónganle
también un anillo en el dedo y sandalias en los pies."

Lucas 15:22 (NVI)

"Moab es el recipiente en que me lavo las manos,
sobre Edom arrojo mi sandalia; sobre Filistea lanzo
gritos de triunfo."

Salmo 60:8 (NVI)

En la parábola del hijo pródigo, las sandalias cobran otro significado especial. El hijo, que una vez anduvo descalzo y mendigando en tierra lejana, ahora experimenta una profunda transformación. Su padre no solo le ofrece la mejor ropa y un anillo en el dedo, sino también sandalias en los pies. Este detalle aparentemente simple lleva consigo una carga simbólica de autoridad y dominio.

Andar descalzo era la marca de un estado humilde, de una vida de esclavitud y mendicidad. Pero el acto de recibir sandalias representa el recibir dominio sobre las fuerzas del mal. El padre, al darle este calzado al hijo, está restaurando no solo su dignidad sino también un nuevo nivel de autoridad.

Este acto de dar sandalias, lo podemos conectar con el Salmo 60:8. David utiliza la imagen de arrojar la sandalia sobre Moab, Edom y Filistea como una expresión retórica que describe el sometimiento de los antiguos enemigos. Moab, Edom y Filistea eran pueblos que, en distintas épocas, sometieron al pueblo de Dios a la opresión. Sin embargo, desde el reinado ungido de David fueron sometidos bajo el dominio de Israel durante siglos. Estos pueblos representan las fuerzas del mal que que buscan oprimirnos.

Ahora, como hijos resturados, tenemos la victoria sobre el príncipe de las tinieblas y sus agentes. La muerte, el pecado, el mundo, y Satanás están pisoteados bajo nuestros calzados, bajo nuestros pies. A través del perdón de Dios y la redención de Jesús, recibimos dominio y autoridad sobre las cadenas que nos ataban, experimentando una libertad que solo Él puede brindar.

PREGUNTAS REFLEXIVAS

¿Cómo experimentó el hijo pródigo el cambio de andar descalzo a recibir sandalias en términos de dominio?

¿De qué manera las sandalias simbolizan autoridad en la parábola y cómo pueden representar autoridad en nuestra vida espiritual?

¿Qué representan Edom, Filistea y Moab en el Salmo 60:8?

¿Cómo podemos aplicar, en nuestra lucha espiritual, la idea de arrojar la sandalia sobre nuestros enemigos como menciona David en el Salmo 60?

¿De qué manera la historia del hijo pródigo te inspira a buscar recuperar el dominio que solo Dios puede otorgar?

Padre celestial, te pido que, así como diste sandalias al hijo pródigo, me calces con la autoridad y el dominio que vienen de tu Hijo Jesús. Que pueda caminar en victoria sobre Satanás y las fuerzas que antes me esclavizaban. En el nombre de Jesús, Amén.

24

CAMBIO DE PROPÓSITO

"Pero el padre ordenó a sus siervos: "¡Pronto!
Traigan la mejor ropa para vestirlo. Pónganle
también un anillo en el dedo y sandalias en los pies."

Lucas 15:22 (NVI)

"y calzados con la disposición de proclamar el
evangelio de la paz.

Efesios 6:15 (NVI)

Las sandalias, en la historia del hijo pródigo, no solo
simbolizan dignidad y dominio, sino también un nuevo
propósito. Antes, los pies descalzos llevaban al hijo por
caminos de opresión para alimentar cerdos. Ahora, sus
pies calzados están destinados a llevar el mensaje de la
paz y la redención. El acto de recibir sandalias
representa una transición significativa. De servir a un
propósito destructivo en una tierra lejana, ahora se le
asigna un propósito eterno relacionado con el evangelio
y la extensión del Reino de Cristo.

Calzar los pies con la disposición de proclamar el evangelio de la paz, como se menciona en Efesios 6:15, implica un cambio radical en el propósito de vida. Aparte de nuestros sueños temporales recibimos el privilegio de formar parte de algo mayor, el proyecto eterno de Dios. La palabra de Dios nos dice en la epístola a los romanos que los pies de los que anuncian la paz son hermosos. Ahora recibimos asignaciones como servidores de Dios que giran entorno a la salvación y liberación de la humanidad perdida. Este cambio no solo afecta nuestro destino eterno, sino que también impacta nuestro andar diario. Toda nuestra perspectiva de vida, de repente, cambia de sentido.

El progreso de la esclavitud del pecado a la libertad en Cristo implica un cambio en la orientación del propósito de vida. De alimentar cerdos a proclamar el evangelio de la paz, las sandalias se convierten en el símbolo tangible de esta transformación. Ahora, cada paso dado está arraigado en el propósito divino de expandir el Reino de Cristo y compartir la buena nueva de la salvación.

PREGUNTAS REFLEXIVAS

¿Qué simbolismo hemos visto en los pies descalzos del hijo pródigo?

¿Qué simbolismo hemos visto en esta reflexión respecto a las sandalias que recibió el hijo pródigo?

¿De qué manera nuestras vidas pueden cambiar cuando abrazamos un propósito relacionado con el evangelio y la expansión del Reino de Cristo?

¿Cómo podemos calzar nuestros pies con la disposición de proclamar el evangelio de la paz en nuestro entorno y en nuestra vida diaria?

¿Qué significa tener un propósito eterno en contraste con servir a los propósitos temporales y destructivos del mundo?

Padre bueno, gracias por cambiar el propósito de mi vida a través de tu amor. Te pido que guíes mis pasos en el propósito eterno de expandir tu Reino. Que mi vida sea un testimonio viviente de tu reino, poder, y gloria. En el nombre de Jesús, Amén.

25

DE VUELTA A LA BENDICIÓN

"Traigan el ternero más gordo y mátenlo para celebrar un banquete."

Lucas 15:23 (NVI)

"Bendito sea Dios, Padre de nuestro Señor Jesucristo, que nos ha bendecido en las regiones celestiales con toda bendición espiritual en Cristo."

Efesios 1:3 (NVI)

El regreso del hijo a casa no solo marca un reencuentro con el amor del padre, sino también una restauración completa a la bendición divina. Vemos como el padre ordena matar el ternero más gordo para celebrar la restauración de su hijo perdido. Este acto representa el retorno a la bendición y herencia que el hijo había perdido. Cuando el hijo regresa, está regresando a la bendición completa de su padre.

En Efesios 1:3, Pablo nos recuerda que Dios nos ha

bendecido en las regiones celestiales con toda bendición espiritual en Cristo. El hecho de que la bendición sea espiritual no significa que sean bendiciones solamente emocionales, intangibles, o inmateriales, aunque las incluya también. Bendición espiritual en Cristo se refiere a que el origen, principio, fundamento, y fuente es Cristo. Significa que esas bendiciones no provienen de este mundo caído sino del ámbito espiritual del Reino de Dios. Las promesas del Señor ministran cada área de nuestras vidas, inmaterial y material, visible e invisible, temporal y eterna; envuelven todo nuestro ser.

El ternero gordo que el padre elige para la celebración representa lo mejor, lo más valioso. Antes, el hijo anhelaba la comida de los cerdos, pero ahora tiene acceso a un banquete de abundancia. Este acto de celebración representa la restauración de las bendiciones espirituales y materiales que estaban retenidas durante su lejanía.

En la restauración, vemos cómo el diablo pierde control sobre lo que antes estaba retenido. La mesa del banquete refleja la mesa de la gracia divina donde se disfrutan las promesas restauradas. Es donde la oscuridad y la escasez son reemplazadas por la luz y la abundancia.

PREGUNTAS REFLEXIVAS

¿Cómo la celebración y el sacrificio del ternero gordo representa el retorno a la bendición divina?

¿En qué maneras experimentamos la pérdida de bendición cuando nos alejamos de la presencia de Dios?

¿Cómo la elección del ternero gordo por parte del padre refleja la generosidad y la excelencia de las bendiciones de Dios?

¿Cómo la restauración a la bendición afecta la percepción que tenemos de nosotros mismos como herederos de las promesas divinas?

¿Qué significa para nosotros ver cómo el diablo pierde control sobre lo que estaba retenido cuando volvemos a la bendición de Dios?

Padre amoroso, gracias por bendecirme con toda bendición espiritual en Cristo. Restaura y aviva toda esa abundante bendición en mi vida. Que yo viva en la práctica como heredero de tus promesas y pueda disfrutar de la abundancia de tu amor. En el nombre de Jesús, Amén.

26

LA GRAN CELEBRACIÓN

"Porque este hijo mío estaba muerto, pero ahora ha vuelto a la vida; se había perdido, pero ha sido hallado". Así que empezaron a hacer fiesta."

Lucas 15:24 (NVI)

"Les digo que así es también en el cielo: habrá más alegría por un solo pecador que se arrepienta que por noventa y nueve justos que no necesitan arrepentirse."

Lucas 15:7 (NVI)

Ahora nos concentraremos en la celebración. Aunque el hijo pródigo confiaba en la misericordia del padre, bien pudo haber tenido unas expectativas bajas. Anteriormente vimos como él había planificado pedirle al padre que lo convirtiera en un trabajador más. Quizás esperaba un encuentro más frío. Pero en lugar de eso, hubo una explosión de amor y emociones positivas. Y llegó a tal punto, que comenzaron a celebrar. Contrario a nuestras expectativas de reproches y condena, la respuesta divina es una fiesta desbordante. Este pasaje desmantela la percepción errónea de que Dios, tras nuestro arrepentimiento, solo espera condenarnos. En lugar de eso, nos revela un Padre celestial que anhela nuestra restauración y regocijo.

Lucas 15:7 refuerza esta verdad indicando que, en el cielo, hay más alegría por un pecador que se arrepiente que por noventa y nueve justos que no necesitan arrepentirse. Aquí, se nos revela la naturaleza gozosa de Dios ante la decisión de regresar a Él. Su enfoque no está en la condena, sino en el regocijo celestial por el retorno de un alma perdida.

La fiesta en el cielo no solo involucra a Dios, sino también a los ángeles que se unen en alegría por nuestro regreso. Esta imagen resalta la realidad de que, aunque caigamos, la mente de Dios no está puesta en nuestra derrota, sino en nuestra restauración y regreso a Su presencia. Los ángeles celebran no solo por el perdón, sino por la reconciliación y el retorno a la vida.

 PREGUNTAS REFLEXIVAS

¿Cómo cambia nuestra perspectiva de Dios al entender que, tras nuestro arrepentimiento, nos espera una fiesta en lugar de reproches?

¿Qué nos revela esta parábola sobre la verdadera naturaleza del corazón de Dios hacia nosotros cuando caemos?

¿Cómo puede la creencia en la alegría celestial por nuestro arrepentimiento impactar nuestra relación con Dios en momentos de caída?

¿En qué formas podemos experimentar la gracia y la misericordia de Dios cuando nos arrepentimos y regresamos a Él?

¿Cómo podemos reflejar la actitud de celebración de Dios al acoger a aquellos que han decidido regresar a la fe?

Padre santo, gracias por tu deseo de celebración cuando regreso a ti. Gracias también por preparar fiesta en el cielo cuando las vidas perdidas vuelven a tus brazos. Inspírame a recibir también a aquellos que han decidido regresar a la fe, con la misma alegría y celebración que experimentas por nosotros. En el nombre de Jesús, oramos. Amén.

27

EL CORAZÓN SANADO

"Porque este hijo mío estaba muerto, pero ahora ha vuelto a la vida; se había perdido, pero ha sido hallado". Así que empezaron a hacer fiesta.

Lucas 15:24 (NVI)

"Porque yo restauraré tu salud y sanaré tus heridas, afirma el Señor,"

Jeremías 30:17 a. (NVI)

En esta hermosa pararábola podemos percibir cómo el hijo pródigo, a medida que malgasta su herencia en placcres temporales, se desgasta emocional y espiritualmente. La lejanía, la escasez y las consecuencias de sus elecciones probablemente lo sumieron en la desesperación y el remordimiento, destrozando su interior.

Sin embargo, la historia toma un giro radical cuando regresa a casa. La figura de la celebración de la fiesta simboliza más que una bienvenida. Es el bálsamo para un corazón quebrantado, el antídoto para la tristeza y la desolación que pudo haber experimentado. La alegría desbordante, la reconciliación y la fiesta indican una restauración profunda en su ser interior.

Jeremías 30:17 nos ofrece otra imagen hermosa. Dios promete sanar nuestras heridas, guiarnos y devolvernos la paz. Es como si Él estuviera diciendo: "Voy a cuidar de ti, a traerte tranquilidad y a ser conocido como El Señor que da paz".

A veces, la vida puede hacernos sentir perdidos, heridos y solos. Pero estos versículos nos hablan de un nuevo comienzo, de dejar atrás el dolor y abrazar la alegría y la sanidad. ¿Te imaginas sentirte tan cuidado y amado que todas tus heridas comienzan a curarse?

En nuestra vida cotidiana, aprendemos de nuestros errores y experiencias. Pero, ¡qué hermoso es saber que no llevamos el peso del pasado para siempre! Dios no está interesado en echarnos en cara nuestras equivocaciones, sino en celebrar nuestro regreso a Él.

PREGUNTAS REFLEXIVAS

¿Te has sentido desanimado por elecciones equivocadas como el hijo pródigo?

¿Cómo podrías encontrar consuelo y renovación emocional, similar a la fiesta que restauró el corazón quebrantado del hijo pródigo?

¿Qué significa para ti la promesa de Jeremías 30:17 sobre la sanidad y la paz que Dios ofrece?

¿Cómo aplicas la idea de un nuevo comienzo y dejar atrás el dolor para abrazar la alegría y la sanidad en tu vida diaria?

¿Cómo cambiaría tu enfoque sobre el perdón al recordar que Dios celebra tu regreso en lugar de recordar tus errores?

Padre bueno, gracias por se nuestro sanador. Hoy traigo mis heridas y cargas, y las pongo ante tí. Confío en tu promesa de sanidad y paz. Ayúdame a dejar atrás el dolor y a abrazar el gozo de tu amor. En el nombre de Jesús, oramos. Amén.

28

LA INDIGNACIÓN DEL HERMANO

"Indignado, el hermano mayor se negó a entrar. Así que su padre salió a suplicarle que lo hiciera."

Lucas 15:28 (NVI)

"El fariseo, puesto en pie y a solas, oraba: "Oh Dios, te doy gracias porque no soy como otros hombres — ladrones, malhechores, adúlteros— ni como ese recaudador de impuestos."

Lucas 18:11 (NVI)

Imagina la escena: el hijo mayor, enojado y resentido, se niega a celebrar la restauración de su hermano. Este cuadro está plasmado en Lucas 15:28, donde vemos que, a veces, enfrentamos resistencia dentro de nuestra propia familia espiritual.

El hijo mayor representa a los hermanos en la fe que no pueden perdonar y siguen recordando nuestro pasado con una indignación religiosa. Ellos se niegan a entrar en nuestra fiesta de restauración. Este rechazo puede ser desalentador, y es fácil sentirse excluido y juzgado. Sin embargo, la reacción del padre en la parábola nos da una valiosa lección. A pesar de la resistencia del hijo mayor, el padre sale y le ruega que se una a la celebración.

A veces encontramos creyentes que adoptan una actitud farisaica, como el fariseo en Lucas 18:11, quienes, en lugar de celebrar la restauración, se enorgullecen de su propia justicia y se comparan a nosotros. Este tipo de actitud puede ser un obstáculo en nuestro proceso de restauración espiritual y puede desalentarnos. Es esencial recordar que la percepción de ellos no define nuestra identidad delante de Dios.

En estas situaciones, es crucial resistir la tentación de dejar que la resistencia fraternal nos defina. Debemos recordar que la opinión de Dios sobre nosotros es la que realmente importa. Dios nos llama a perseverar, a mantener el centro en la restauración y a no permitir que la falta de aceptación de otros creyentes nos desanime.

PREGUNTAS REFLEXIVAS

¿Cómo te sentirías si experimentaras resistencia y falta de aceptación por parte de hermanos en la fe?

¿Qué lección podemos aprender de la reacción del padre hacia el hijo mayor en la parábola del hijo pródigo?

¿Cómo la actitud farisaica del fariseo en Lucas 18:11 se relaciona con la resistencia fraternal que podemos enfrentar?

¿De qué manera podemos resistir la tentación de permitir que la falta de aceptación de otros creyentes defina nuestra identidad espiritual?

¿Cómo la opinión de Dios sobre nosotros debería ser el fundamento de nuestra identidad y confianza, incluso cuando enfrentamos resistencia fraternal?

Padre celestial, dame las fuerzas para seguir adelante cuando enfrente resistencia y falta de aceptación entre mis hermanos en la fe. Hazme recordar que mi identidad está en ti y que tu opinión es la que realmente importa. Que siempre busque tu aprobación y me resista a la tentación del desánimo a causa de la resistencia de los hermanos. En lugar de eso, guíame a buscar tu aprobación. En el nombre de Jesús, oramos. Amén.

29

UN NUEVO PELIGRO

"Pero él contestó: "¡Fíjate cuántos años te he servido sin desobedecer jamás tus órdenes y ni un cabrito me has dado para celebrar una fiesta con mis amigos!"

Lucas 15:29 (NVI)

"En otro tiempo también nosotros éramos necios y desobedientes. Estábamos descarriados y éramos esclavos de todo género de pasiones y placeres. Vivíamos en la malicia y en la envidia. Éramos detestables y nos odiábamos unos a otros."

Tito 3:3 (NVI)

Después de experimentar la restauración divina, a veces enfrentamos un nuevo peligro: olvidar de dónde Dios nos sacó. La parábola nos presenta un hijo mayor que, a pesar de haber estado siempre con su padre, desarrolla una actitud de orgullo y resentimiento.

Es fácil caer en la trampa de creer que, debido a nuestra transformación, somos superiores a otros. Entonces, comenzamos a juzgar a aquellos que aún están luchando. Este nuevo peligro radica en olvidar que una vez fuimos como el hijo pródigo, perdidos y necesitados de la gracia de Dios. La actitud del hijo mayor nos enseña que podemos estar en la casa del Padre y, aun así, perder la perspectiva de su gracia.

Cuando nos volvemos autosuficientes, creyendo que nuestra obediencia nos hace inmunes a la tentación, corremos el riesgo de juzgar y menospreciar a quienes aún luchan. Olvidamos que la transformación de nuestras vidas es un regalo de la misericordia divina y no un logro propio. Tito 3:3 nos recuerda que, en otro tiempo, éramos necios y desobedientes, esclavos de nuestras pasiones y placeres. Tener esta conciencia nos impide caer en la trampa de la autojustificación y el juicio.

Dios nos llama a mantenernos humildes, recordando de dónde nos sacó. Este recordatorio nos lleva a mirar con misericordia a los que aún luchan en las mismas batallas que enfrentamos en el pasado. En lugar de juzgar, somos llamados a ser canales de misericordia, compartiendo el amor y la gracia de Dios con aquellos que están en medio de su propia lucha.

 PREGUNTAS REFLEXIVAS

¿Cómo puede el peligro de olvidar de dónde Dios nos sacó afectar nuestra actitud hacia los demás?

¿En qué formas podemos caer en la trampa del orgullo espiritual, similar al hijo mayor en Lucas 15:29?

¿Por qué es importante recordar nuestro propio pasado antes de estar en la gracia de Dios, según Tito 3:3?

¿Cómo la conciencia de nuestra propia transformación nos ayuda a evitar el juicio hacia aquellos que aún luchan con el pecado?

¿Cómo podemos ser canales de misericordia y gracia hacia quienes están pasando por las mismas luchas que enfrentamos en el pasado?

Padre celestial, ayúdame a recordar siempre de dónde me has sacado y a mantenerme humilde. Que nunca olvide que mi transformación es un regalo de tu misericordia. Que yo sea siempre un canal de tu amor y gracia para aquellos que aún luchan, extendiendo la misma misericordia que he recibido. En el nombre de Jesús, oramos. Amén.

30

DISFRUTANDO LA HERENCIA

"Hijo mío —le dijo su padre—, tú siempre estás conmigo y todo lo que tengo es tuyo."

Lucas 15:31 (NVI)

"El que no escatimó ni a su propio Hijo, sino que lo entregó por todos nosotros, ¿cómo no habrá de darnos generosamente, junto con él, todas las cosas?"

Romanos 8:32 (NVI)

La parábola del hijo pródigo ofrece no solo una lección sobre la restauración y la gracia, sino también una advertencia sutil sobre el peligro de vivir una vida enfocada únicamente en la obediencia, descuidando la esencia de la herencia divina. El hijo mayor, a pesar de su fidelidad, revela un corazón que no disfruta plenamente de la riqueza de su posición como heredero.

En nuestra vida cristiana, podemos caer en la misma trampa. Cumplimos con las expectativas, seguimos las reglas, pero a veces olvidamos que no somos solo siervos obedientes, sino hijos que llevan el título de herederos de Dios. Es como si viviéramos en una casa llena de tesoros, pero solo explorásemos una pequeña habitación.

Romanos 8:32 nos presenta la realidad de un Padre generoso que, al dar a su propio Hijo, nos da junto con Él todas las cosas. Somos herederos de la gracia divina, destinados a disfrutar de la plenitud de las bendiciones que Dios tiene para nosotros. La finalidad de nuestra herencia no es solo la obediencia, sino también el gozo, el disfrute de las bendiciones y la realización de los sueños que Dios tiene para sus hijos.

Es fácil caer en la trampa de la envidia al ver cómo otros cristianos son bendecidos y prosperados. A veces, nos encontramos cuestionando por qué no experimentamos lo mismo. Pero olvidamos que, aunque la obediencia es esencial, también lo es la fe. La fe para creer que, como herederos de Dios, tenemos acceso a un tesoro inagotable de amor, gracia y bendición.

PREGUNTAS REFLEXIVAS

¿Te has sentido alguna vez atrapado en una mentalidad de solo cumplir con las expectativas, olvidando que eres un heredero de Dios?

¿En qué áreas de tu vida has experimentado envidia hacia otros cristianos, olvidando que posees la misma herencia divina?

¿Cómo puedes equilibrar la obediencia y la fe para experimentar plenamente la herencia de Dios en tu vida?

¿Qué significa para ti la afirmación de que "todo lo de Dios es tuyo" en el contexto de tu vida cristiana?

¿Cómo puedes aplicar la verdad de que eres un heredero de Dios, destinado a disfrutar de todas las bendiciones que Él tiene para ti, incluso en medio de desafíos y dificultades?

Padre celestial, gracias por darme la posición de heredero en tu reino. Perdóname si alguna vez he sentido envidia como el hijo mayor de la parábola. Enséñame a vivir con un corazón agradecido, añadiendo fe a la obediencia, para que pueda experimentar y disfrutar la plenitud de tu gracia. Amén

PALABRAS FINALES

Al llegar al final de este devocional, reflexionamos sobre la profunda lección que nos ofrece la parábola del hijo pródigo. A lo largo de estas páginas, hemos explorado la travesía emocional y espiritual de un hijo que se alejó, experimentó la escasez y, finalmente, regresó a los brazos amorosos de su padre.

En cada capítulo, hemos desglosado los elementos de esta poderosa historia, descubriendo sus capas de perdón, reconciliación y gracia divina. Hemos contemplado la fidelidad del padre que esperó con amor, así como la transformación interna del hijo al reconocer su necesidad de arrepentimiento.

Ahora, al cerrar este devocional, llevamos con nosotros la verdad eterna de que sin importar cuán lejos nos hayamos alejado, siempre hay un camino de retorno. La misericordia infinita del Padre celestial nos invita a volver a casa, a dejar atrás nuestras cargas y ser restaurados por Aquel que es el Amor. Nuestro Dios es el Amor Verdadero.

Que estas reflexiones hayan sido un recordatorio constante de que no estamos solos en nuestras luchas y que siempre hay esperanza en el regazo de nuestro Padre celestial. Que cada palabra escrita aquí sea una semilla de inspiración para fortalecer nuestra relación con Dios y para compartir Su amor redentor con aquellos que nos rodean.

Al despedirnos, recordemos que nuestra historia no termina con nuestras caídas, sino con la gracia que nos levanta. Que la parábola del hijo pródigo resuene en nuestros corazones, guiándonos a vivir vidas de arrepentimiento, perdón y amor constante.

Que este viaje devocional haya sido una fuente de fortaleza espiritual y un recordatorio diario de la bondad inquebrantable del Padre celestial.

Que la paz y la gracia de Dios acompañen cada paso de nuestro camino de regreso a casa.

Con amor y esperanza,

Made in the USA
Coppell, TX
17 October 2024

38810157R00075